DEUXIÈME SECTION

LE RÉGIME SUCCESSORAL

DE LA

PETITE PROPRIÉTÉ

RAPPORT

PRÉSENTÉ PAR

Monsieur Paul RÉMOND

Avocat à la Cour d'Appel de Paris

LIBRAIRIE - IMPRIMERIE - PAPETERIE

LÉO BARMA

4, Boulevard Mac-Mahon (près le Pont-Vieux

NICE

DEUXIÈME SECTION

LE RÉGIME SUCCESSORAL

DE LA

PETITE PROPRIÉTÉ

RAPPORT

PRÉSENTÉ PAR

Monsieur Paul RÉMOND

Avocat à la Cour d'Appel de Paris

LIBRAIRIE - IMPRIMERIE - PAPETERIE

LÉO BARMA

4, Boulevard Mac-Mahon (près le Pont-Vieux

NICE

LE RÉGIME SUCCESSORAL

DE LA

PETITE PROPRIÉTÉ

Des modifications très importantes ont été apportées au régime successoral du Code civil par les lois du 12 avil 1906 sur les habitations à bon marché, du 10 avril 1908 sur la petite propriété et du 12 juillet 1909 sur le bien de famille. Bien que ces lois aient été conçues dans un esprit presque identique, leurs dispositions ne présentent pas une harmonie rigoureuse ; défaut d'ailleurs fréquent dans la législation moderne, depuis que s'est introduite la coutume de réaliser des innovations partielles, sans se préoccuper de coordonner les différents textes adoptés.

En présence de l'état confus de ces dispositions, nous nous sommes proposés de rechercher, spécialement au point de vue du droit successoral, les principes généraux qui s'en dégagent. Nous examinerons ensuite brièvement leur portée dans le présent et dans l'avenir.

Trois sortes d'héritages ont été envisagés : les maisons individuelles à bon marché, la petite exploitation rurale et le bien de famille. Ces divers héritages constituent tous la petite propriété. Celle-ci, considérée tantôt par rapport aux intérêts de la salubrité, tantôt à ceux de l'agriculture ou de la famille, reçoit, dans chaque hypothèse, une règlementation spéciale. Mais le régime successoral dont elle bénéficie est à peu de chose près le même, dans tous les cas. Le législateur, en effet, n'a eu qu'une seule préoccupation au sujet de la transmission de la propriété : assurer cette transmission d'une manière rationnelle et économique, afin d'encourager les moins riches à à être propriétaires, cette condition paraissant malgré tout, à ses yeux, la meilleure et la plus digne.

L'utilité d'une réforme, à cet égard, est d'une telle évidence qu'il nous suffit de rappeler les termes de la circulaire ministérielle du 15 juin 1910, relative au bien de famille : « Les conséquences des dispositions du Code civil sont bien connues. Chacun des co-partageants possesseur d'une faible étendue de terre se résigne soit à la vendre, soit à la cultiver dans des conditions absolument défavorables.

S'il s'agit d'immeubles non partageables, d'une maison par exemple, la vente est presque toujours la solution qui s'impose. Le but cherché par le père de famille n'est pas atteint ; la peine qu'il a prise pour constituer son patrimoine est perdue ; et la loi elle-même contribue à ce déplorable résultat.

L'idée de protéger l'intérêt individuel des co-héritiers par la formation de lots de même nature et de valeur égale, inspiratrice du Code civil, n'est donc pas toujours favorable à l'intérêt de la famille ; l'héritage peut se trouver diminué, dispersé, anéanti avec d'autant plus de certitude qu'il sera plus petit ».

Le législateur a donc paré au plus pressé : il a écarté le danger que les principes du Code civil font courir à la petite propriété. Il n'a rien fait pour la propriété même moyenne. Mais ce premier pas, un peu timide, peut l'entraîner plus loin dans quelque temps. C'est une raison de plus de connaître les corrections faites au système du Code civil.

Ces corrections portent sur les deux points suivants :

1° La faculté d'attribution avant partage ; 2° La prolongation de l'indivision.

Nous étudierons successivement ces deux points en groupant ensemble les dispositions des lois de 1906 et 1909 ; car celle de 1908 n'a rien innové en matière de droit successoral et s'est référé simplement à la loi de 1906.

Nous commençons par le droit d'attribution, contrairement à la méthode suivie par le législateur. S'il est rationnel, en effet, que, dans le régime ordinaire du partage successoral, l'indivision se place avant les attributions, il n'en est plus ainsi dans le régime exceptionnel créé en faveur de la petite propriété. Ici, le droit d'attribution s'exerce dès l'ouverture de la succession, avant toute opération de partage, et fait même échec à toute demande de maintien de l'indivision. Ce n'est pas, à proprement parler, une dévolution par la loi ; mais peu s'en faut, principalement dans la législation sur le bien de famille. Sur la simple demande du conjoint survivant, copropriétaire d'une partie quelconque du bien de famille et habitant la maison, l'attribution totale doit lui en être faite. Ce droit, qui n'appartient qu'au conjoint survivant, est absolu ; il ne peut même y renoncer par avance.

La loi de 1906, qui reproduit littéralement celle du 30 novembre 1894, sur les habitations à bon marché, n'a pas déterminé aussi nettement le caractère du droit d'attribution. C'est l'article 46 du décret d'administration publique du 10 janvier 1907 qui a décidé comme l'avait fait l'article 24 du décret du 21 septembre 1895, que la demande d'attribution doit toujours être préférée à celle d'indivision. Le droit de demander l'attribution appartient, dit la loi, à chacun des héritiers, ce qui signifie seulement, quoique l'expression soit matière à controverse, les descendants et le conjoint survivant co-propriétaire pour moitié, sans condition d'habitation. La dévolution se fait dans l'ordre suivant. Est préféré d'abord celui que le défunt a désigné, puis l'époux. Lorsqu'il n'y a pas lieu à l'exercice d'un droit de préférance, l'attribution est décidée à la majorité des intéressés. S'il n'y a pas de majorité, on procède par voie de tirage au sort.

Cette dernière partie de la procédure d'attribution paraît un peu empirique. Le sort n'est pas précisément désigné pour trancher une question, où la cause de la famille est en jeu. Ne vaudrait-il pas mieux laisser le juge de paix départager les héritiers, lorsqu'ils ne sont que deux et ne peuvent se mettre d'accord ou s'ils sont plusieurs et forment des partis d'égale importance ? La majorité elle-même, sera-t-elle l'indice de l'intérêt bien compris de la famille ? Si les enfants s'unissent contre leur parent approuvera-t-on pareil procédé ?

Le rôle du juge de paix, dans la loi, en ce qui concerne la dévolution, se borne à contrôler l'application de la loi. Il ne prononce pas de lui-même l'attribution.

Une fois l'attribution décidée, il faut procéder à l'estimation, si les intéressés ne sont pas d'accord, si l'un d'eux est absent ou s'il y a des mineurs ou interdits. Cette estimation est confiée au comité de patronage des habitations à bon marché, rendu obligatoire dans chaque département depuis 1906. Si le comité s'abstient, le juge de paix est autorisé, par le décret de 1907, à nommer un expert. L'estimation doit être homologuée ; et l'article 49 du décret précise, à ce sujet, qu'il appartient en tous cas au juge de paix de fixer lui-même le prix d'après tous les éléments de la cause.

La loi de 1909 ne contient aucune disposition spéciale relative à l'estimation. Mais le décret du 26 mars 1910 décide qu'elle sera faite par un seul expert, habitant la commune autant que possible, le prix restant toujours fixé par le juge de paix.

Il est à remarquer que l'attributaire peut ne pas accepter le prix fixé et renoncer à l'exercice de son droit de préemption. Faudra-t-il alors recommencer les opérations de vote et de tirage au sort ? Cela paraît résulter du silence de la loi et de son esprit. Elle n'a pas voulu permettre, en effet, qu'un héritier obtienne la préférence en offrant un prix plus élevé, ce qui aurait été sans doute une simplification, mais d'un caractère peu démocratique.

L'attribution décidée et le prix fixé, les soultes sont payables en vertu du jugement prononcé par le juge de paix. Nos lois n'ont pas accordé, comme la plupart des législations étrangères, un délai pour l'acquittement des soultes. Néanmoins, aux termes de l'article 1244 du Code civil, un délai de grâce pourrait être accordé au débiteur embarrassé. Les co-héritiers, d'ailleurs, sont protégés par le privilège du co-partageant, sous la réserve de son inscription dans les limites légales de 60 jours.

D'autre part, l'attributaire a la ressource de s'adresser aux caisses de crédit immobilier à bon marché qui lui avanceront les fonds d'autant plus facilement qu'elles pourront se faire subroger au privilège des co-partageants.

La deuxième correction apportée au système du Code civil concerne le maintien de l'indivision. Il y a trois hypothèses à examiner :

1° Le conjoint survit seul sans descendant. L'indivision peut-être maintenue pendant cinq ans, à partir du décès, à la demande du conjoint. s'il est co-propriétaire de la moitié au moins de la maison et s'il l'habite au moment du décès. Cette disposition figurait déjà dans la loi de 1894, elle a été complétée par la loi ee 1906, qui permet de renouveler l'indivision de cinq ans en cinq ans, jusqu'au décès du conjoint.

On estime que, dans les conditions prescrites, le survivant a des intérêts assez légitimes pour demander le maintien de l'indivision, malgré l'opposition des autres héritiers.

La loi de 1909 ne contient aucune disposition de ce genre. Mais comme nous l'avons vu, le conjoint survivant co-propriétaire et habitant a un droit personnel à l'attribution du bien de famille.

2° Hypothèse. — Le conjoint se trouve en présence de descendants.

Si le conjoint survivant réunit les conditions indiquées précédemment, il peut obtenir l'indivision renouvelable tous les cinq ans.

Dans le cas contraire l'indivision ne pourra être prononcée au profit de chacun des intéressés, d'après la loi de 1906, que pour cinq ans seulement à partir du décès.

La loi de 1909 n'admet l'indivision qu'à titre exceptionnel, comme nous allons le voir, dans le cas où il y a des mineurs. Toutefois, elle n'est pas radicalement interdite. Son seul effet consiste dans la suppression de l'insaisissabilité. Le bien de famille demeure éventuellement apte à recouvrer tous les avantages de la loi, le jour où un attributaire lui sera désigné. De sorte que, sous cette réserve, le bien de famille, s'il rentre dans les conditions prescrites par les lois de 1906 et 1908 pour les maisons individuelles à bon marché et la petite propriété rurale, peut être mis en indivision forcée même de cinq ans en cinq ans au profit du conjoint survivant.

Lorsqu'il y a des mineurs, la loi de 1906 déclare que : « l'indivision peut être continuée pendant cinq années, à partir de la majorité de l'aîné des mineurs, sans que sa durée totale puisse, à moins d'un consentement unanime excéder 10 ans ».

Cette rédaction a soulevé deux objections.

En premier lieu, le consentement unanime permettra-t-il de prolonger l'indivision sans limite au-delà de 10 ans ? Il n'était assurément pas dans l'intention du législateur de faire une telle innovation, ni de la réserver pour le seul cas où il y a des mineurs.

En second lieu : « On ne s'explique pas que la loi ait pris comme point de départ la majorité de l'aîné, au lieu de la majorité du plus jeune des enfants, et qu'elle ait fixé un délai maximum de 10 années qui exclut du bénéfice de la loi de jeunes orphelins ». Ainsi s'exprime l'exposé des motifs du projet de loi sur le bien de famille et il ajoute : « Cette dislocation de l'indivision au cours de la minorité ne peut avoir que des conséquences regrettables ».

Aussi la loi de 1909 est-elle rédigée de façon suivante : « S'il existe des mineurs... le juge de paix peut, soit à la requête du conjoint survivant, du tuteur ou d'un enfant majeur, soit à la demande du conseil de famille, ordonner la prolongation de l'indivision jusqu'à la majorité du plus jeune ». Ce texte est excellent ; malheureusement, il ne corrige pas celui de la loi de 1906.

3° Dernière hypothèse. — Il n'y a pas de conjoint survivant, les descendants restent seuls. Bien que la loi ne l'ait pas dit expressément, les règles précédentes sont applicables.

Il nous reste à voir quelle solution le législateur a donnée à trois sortes de difficultés que soulève le maintien de l'indivision.

La première concerne l'indemnité due aux héritiers qui n'habitent pas la maison pendant l'indivision. Il est de la plus élémentaire justice que ceux qui profitent de l'habitation ou de la petite exploitation indemnisent les autres héritiers, en proportion de l'avantage qu'ils tirent des parts indivises. La loi de 1906 n'a cependant rien décidé à cet égard et on se demande si le juge de paix serait autorisé à fixer de lui-même une indemnité de ce genre.

L'article 19 de la loi de 1909, au contraire, a précisé ce point en permettant au juge de paix « d'allouer, s'il y a lieu, une indemnité pour ajournement du partage aux héritiers qui sont ou qui deviennent majeurs et ne profitent pas de l'habitation ». Cette indemnité suivant l'article 13 du décret du 26 mars 1910 est fixée après expertise.

Une autre difficulté soulevée par l'indivision c'est celle de l'administration du bien indivis. Ici, nous touchons au problème le plus important à résoudre, lorsque le partage est retardé. Bien que l'administration d'une petite propriété ne soit pas compliquée, elle peut encore, faute de soins, en compromettre la prospérité et porter atteinte aux bons rapports de famille. Cette question méritait donc, quoique ne présentant pas la même gravité que pour la moyenne ou grande propriété, d'être examinée par les lois de 1906 et 1909 ; elles n'y ont cependant apporté aucune solution.

A ce propos, nous devons rappeler que la société d'études législatives, examinant en 1905 une réforme du partage successoral, a reconnu que le législateur devrait chercher différents types de gestion à offrir aux héritiers, demeurés indivis. Le Code civil permet bien de constituer une société aux termes de l'article 1836 ; mais cette solution n'est pas suffisante ; elle serait même inapplicable à la petite propriété.

Nous arrivons maintenant à une dernière difficulté que la loi de 1906 a encore laissée de côté. Il s'agit du droit des créanciers personnels des héritiers, en face du maintien de l'indivision. La loi de 1909, établissant l'insaisissabilité, n'avait pas à s'occuper de cette question. Au contraire, celle de 1906 qui admet une indivision forcée, laissant intacts les droits des créanciers, aurait dû le faire et on se demande si leurs droits seront, dans le silence de la loi, les mêmes qu'en présence de l'indivision conventionnelle ordinaire. Le fait que l'indivision résulte d'un jugement aura-t-il pour conséquence de mettre obstacle à toute action de la part des créanciers ? Il y a là matière à une controverse juridique dont l'examen nous entraînerait beaucoup trop loin.

On a fait remarquer qu'un moyen de rendre possible l'exercice des droits des créanciers, sans porter préjudice à l'indivision, serait de faciliter la cession des parts indivises. Incontestablement, il y a là un intéressant sujet d'études qui mériterait, comme la gestion de la propriété indivise, de retenir l'attention du législateur.

Avant de terminer l'exposé du régime successoral proprement dit de la petite propriété, il faut dire quelques mots du rôle du juge de paix dans le maintien de l'indivision. Contrairement à ce qui se passe pour l'attribution, le juge de paix a ici un rôle actif. Il décide de sa propre autorité si la prorogation du partage est opportune et il fixe les conditions du maintien de l'indivision. Il devient, à la fois, le conseiller, le conciliateur et le juge des parties ; tantôt il sauvegarde les intérêts des mineurs, tantôt les droits des héritiers majeurs.

Cette intervention continuelle et parfois contradictoire du juge de paix est un gros écueil des lois de 1906 et 1909. Le décret du 26 mars 1910 a essayé d'y apporter un tempérament en décidant (article 13) que le juge de paix ne se prononcerait qu'en cas de désaccord. Mais cette disposition est inopérante, car elle est absolument contraire au texte de la loi. Sans doute, si le législateur restreignait le rôle du juge de paix aux seules attributions contentieuses et si, d'autre part, il chargeait des officiers ministériels du soin de conseiller les parties ou de contrôler l'application de la loi, il faciliterait beaucoup la mise en pratique du nouveau régime successoral. Dans le peuple, pas plus qu'ailleurs, on n'aime l'intervention de la justice dans les affaires de famille.

Quant au concours des officiers ministériels, il est presque indispensable pour assurer le succès des nouvelles dispositions successorales. Cela est si vrai qu'une circulaire du garde des sceaux du 3 mars 1903, recommande aux tribunaux civils « de remettre à statuer sur les instances en licitation qui leur sont soumises jusqu'à ce que les co-licitants aient été par l'intermédiaire de leurs avoués, avertis de la situation » créée par les lois sur la petite propriété.

Les détails de la procédure ont été réglés par le titre IV du décret du 10 janvier 1907. Nous ne pouvons qu'y renvoyer. Cependant, nous devons indiquer que le décret, suppléant à la loi, donne compétence au juge de paix du lieu d'ouverture de la succession. La loi de 1909, à l'inverse, attribue compétence au juge du lieu où est situé le bien.

Dans aucune des lois, il n'est question des voies de recours ; mais la jurisprudence admet tous les recours ordinaires contre les décisions contentieuses du juge de paix.

Tel est le régime successoral de la petite propriété. Voyons maintenant quelle en est la portée, c'est-à-dire quelles sortes de bien peuvent en bénéficier.

La petite propriété n'a pas été définie par la loi d'une façon précise, ce qui n'est d'ailleurs pas aisé. Elle s'est contentée de donner pour chaque sorte de biens des indications d'espèce, n'ayant pas une véritable concordance entr'elles.

La loi de 1894 devait s'appliquer aux seules personnes qui n'étaient pas déjà propriétaire d'une maison. Cette disposition a été fort critiquée. Difficile à appliquer, elle pouvait encore encore entraîner de fâcheuses conséquences. L'ouvrier possesseur de la plus modeste habitation eût été écarté, tandis qu'un rentier quelconque aurait été admis au bénéfice de la loi. On l'a donc supprimée en 1906.

Une nouvelle condition fut alors imposée. Les bénéficiaires de la loi devraient être peu fortunés, notamment employés et ouvriers vivant de leur salaire. Mais suivant une opinion à peu près générale (1), cette condition n'a été introduite que pour éviter des abus, spécialement en ce qui concerne les dégrèvements d'impôts ; elle ne s'applique pas à l'exercice du nouveau régime successoral. A l'égard de ce régime la personne du propriétaire est donc laissée de côté, il n'y a pas à considérer sa situation de fortune. On doit seulement contrôler si la propriété prise objectivement, rentre bien dans le cadre qui la rend intéressante.

Cette manière de voir a été adoptée d'une façon très nette par la loi de 1909 qui a, d'ailleurs, élargi la conception de la petite propriété. Elle s'attache à sa conservation, en dehors de toute question de salubrité (2), dans le seul intérêt de la famille. Cette idée avait déjà été entrevue dans la loi de 1908, applicable aux terrains cultivés, mais sa réalisation ne résulte effectivement que la loi de 1909.

Cette loi, néanmoins, a conservé une condition subjective à l'exercice des droits nouveaux, celle de l'occupation du bien par le propriétaire. Mais cette condition, déjà moins rigoureuse que celle de la loi de 1906, exigeant l'habitation, est assez vague et on ne voit même pas quelle sanction serait donnée si elle cessait d'être observée. Est-il bien nécessaire, d'ailleurs,

---

(1) Strauss et Baulez. — Habitations à bon marché page 182.

(2) Le certificat de salubrité n'est exigé dans les lois de 1908 et 1909 que pour emprunter aux sociétés de crédit immobilier.

de l'exiger ? Sous prétexte d'écarter le bourgeois qui habite la ville et voudrait conserver, avec les avantages de la petite propriété. un bien de famille à la campagne, on éloigne. certaines catégories d'ouvriers ou employés, que leur métier empêche de demeurer dans une habitation fixe. Pourquoi le petit bourgeois n'aurait-il pas le droit de s'attacher à un bien qui serait une sauvegarde de sa famille ou un abri pour ses vieux jours ? Croit-on que l'ouvrier seul coure le danger d'être déraciné ? Sans doute, il ne faudrait pas étendre à l'infini le privilège de l'insaisissabilité, mais on peut élargir sans inconvénients le champ d'application du nouveau régime successoral. Le législateur, en imposant la condition d'occuper la maison ou d'exploiter le champ, veut, en réalité, donner un criterium de l'attachement de la famille à la propriété. Mais ce critérium est contestable. Est-il même indispensable que la loi en donne un ?

Il en faut un, au contraire, pour définir la petite propriété. La loi en a donné trois, successivement.

Pour la maison individuelle à bon marché, c'est la valeur locative qui ne doit pas dépasser un maximum, variant actuellement de 168 à 660 francs, suivant l'importance des localités. « Le loyer, a dit M. Straus, dans son rapport, est le signe le plus certain du degré de fortune d'un individu ; c'est la base qui sert à Paris pour dégrever les logements des petits locataires présumés indigents ». Comme on le voit, le point de vue subjectif est prédominant.

La petite propriété rurale est définie, d'abord, par la contenance qui ne doit pas dépasser un hectare, puis par le prix d'acquisition, 1200 francs y compris les charges. En outre, le propriétaire doit habiter une maison, dont la valeur locative se rapproche pour une fraction déterminée des maxima prévus plus haut.

La loi de 1909 est beaucoup plus simple elle détermine le bien de famille par un criterium purement objectif, le prix, arrêté à 8.000 francs.

Il faut observer que ce chiffre comme celui de 1.200 francs fixé par la loi de 1908 ne constitue pas une limite absolument rigoureuse. S'il se trouve dépassé après l'acquisition ou la constitution du bien, les avantages de la loi resteront acquis malgré l'augmentation de valeur. La définition de la petite propriété est donc encore fort approximative.

En somme, l'œuvre du législateur apparaît, à bien des égards, comme une ébauche très incomplète de la réforme désirée, dans l'intérêt de la famille. Il reste de nombreuses questions à résoudre, des contradictions à éviter et certaines innovations malheureuses à corriger. Aussi réclame-t-on de différents côtés la refonte des lois sur la petite propriété. Pour y procéder méthodiquement, ne faudrait-il pas mettre à part la question du régime successoral, la séparer des autres points de vue auxquels on se place pour favoriser la petite propriété tels que le crédit à bon marché, les exemptions d'impôt et le privilège d'insaisissabilité. Là, si l'on veut, après avoir nettement défini la petite propriété, on établira un régime de faveur tout-à-fait exceptionnel.

En ce qui concerne le droit successoral, au contraire, on évitera de faire une législation d'exception, de favoriser, d'une part, des sortes de majorats démocratiques, et d'affaiblir, de l'autre, la famille lorsqu'elle n'est pas purement ouvrière.

C'est le cas de rappeler et ce sera notre conclusion, le vœu adopté par le Congrès de la propriété foncière en 1900. « Il est souhaitable que les réformes partielles déjà opérées en faveur de la transmission intégrale et de la stabilité du foyer de famille se généralisent de plus en plus ; que leur champ d'application soit élargi ; que les dispositions qu'elles contiennent deviennent de droit commun et qu'elles réglementent la transmission de tout bien de famille, sans qu'il y ait à se préoccuper, soit de la nature, soit de l'importance du bien ».

Telle est certainement la voie à suivre lorsque, dans la refonte des lois de 1906, 1908 et 1909, on abordera la question du régime successoral.

PAUL RÉMOND

Avocat de la Cour d'Appel de Paris